LLYFR BACH Y TŶ BACH

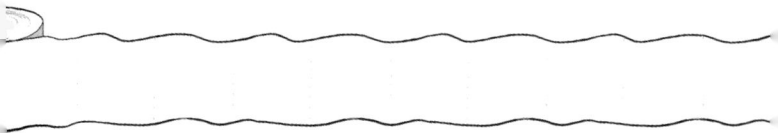

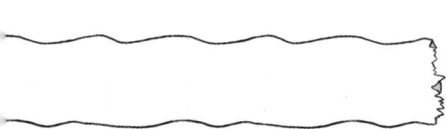

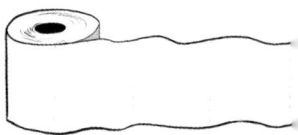

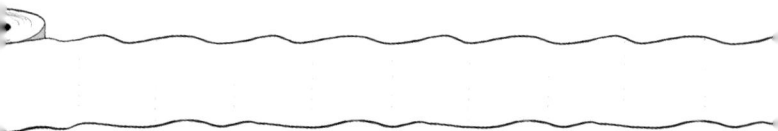

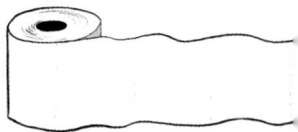

LLYFR BACH Y TŶ BACH

GOLYGYDD:
Bethan Gwanas

cyhoeddiadau
BARDDAS

Llyfr Bach y Tŷ Bach
℗ Bethan Gwanas / Cyhoeddiadau Barddas ©

Argraffiad cyntaf: 2022
ISBN: 978-1-911584-62-9

Cyhoeddwyd gan Gyhoeddiadau Barddas:
www.barddas.cymru

Mae'r cyhoeddwr yn cydnabod cefnogaeth ariannol
Cyngor Llyfrau Cymru

Y clawr a'r darluniau: Siôn Tomos Owen
Dylunio: Almon
Argraffwyd gan Wasg Gomer, Llandysul

Llyfr Bach y Tŷ Bach

Y lle delfrydol i ddarllen y gyfrol
hon ydi yn y tŷ bach, wrth gwrs.
Ond dydi hynny ddim yn orfodol.
A ph'un bynnag, nid pawb sy'n
mwynhau treulio amser maith
yno. Gewch chi bori drwy hwn lle
bynnag liciwch chi, yn eich amser
eich hun. Mae yma ddarnau byr,
mae yma ddarnau hirach, mae
yma ffeithiau difyr a darluniau
ardderchog hefyd, pob peth
sydd ei angen ar gyfer ychydig o
ddiddanwch ... *os* cewch chi funud i
chi'ch hun, hynny yw.

Mwynhewch,

BETHAN GWANAS

Cynnwys

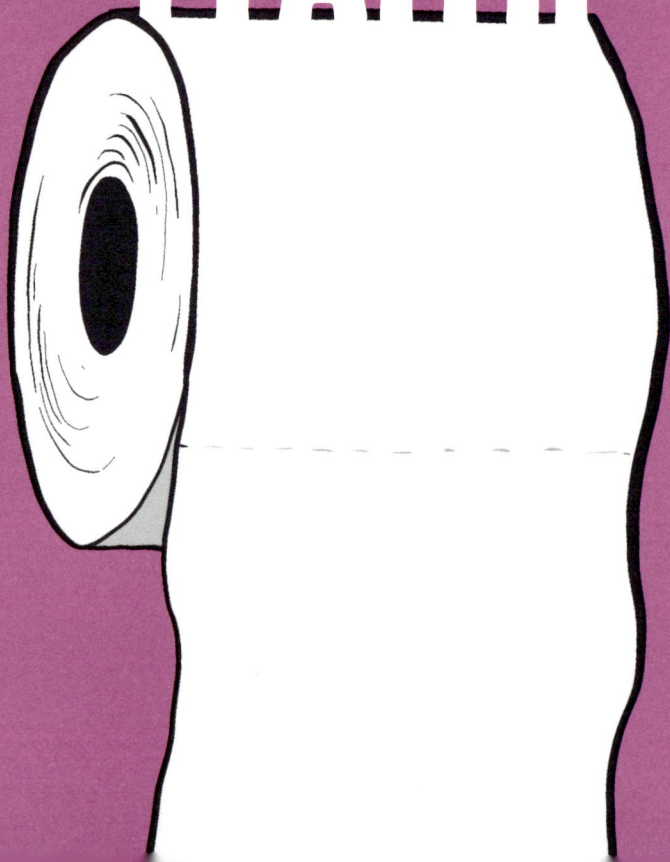

Mae'r rhan fwyaf
ohonon ni'n treulio
tair blynedd o'n
bywydau yn eistedd
ar y toiled.

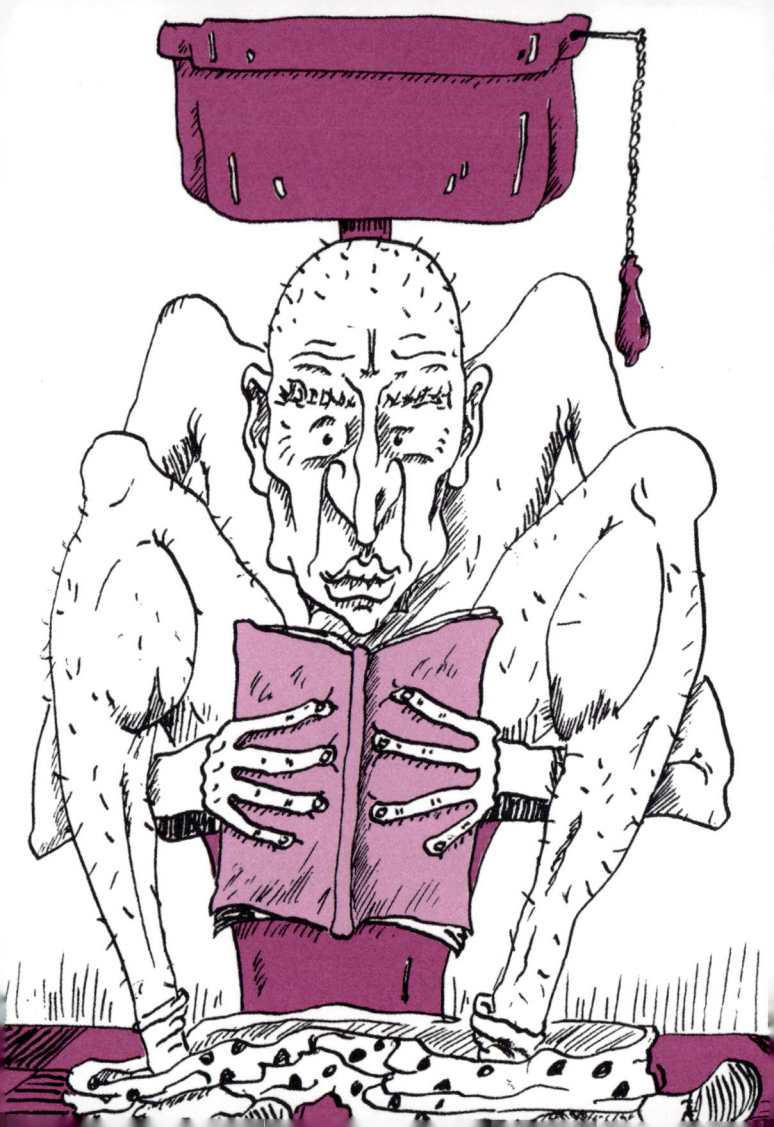

Limrigau lle chwech

Wrth ddarllen gwaith Brecht ar y bog,
mi gynhyrchais i andros o lòg.
Gwrthsafodd bob fflwsh
a sawl hwb efo brwsh:
o'n i wir wedi mynd yr whole hog.

Wrth ddarllen gwaith Philip K. Dick,
dechreuais i deimlo yn sick:
mi sychais fy nhin
efo page seventeen
a mynd o'r tŷ bach yn reit gwick.

Wrth ddarllen y papur dydd Sul
meddyliais: ai fi sydd yn gul?
wel, sa i'n meddwl bo' fi –
y byd sy'n gwallgofi
tra dwi'n eistedd fama fel mul.

GERAINT LØVGREEN

Papur toiled

Wrth eistedd yn y toiled
a hynny dan beth straen,
meddyliais pwy wnaeth ddefnydd
o'r papur hwn o'r blaen?

**ANHYSBYS
(OND DIOLCH I MARGARET JONES, LLANBRYNMAIR)**

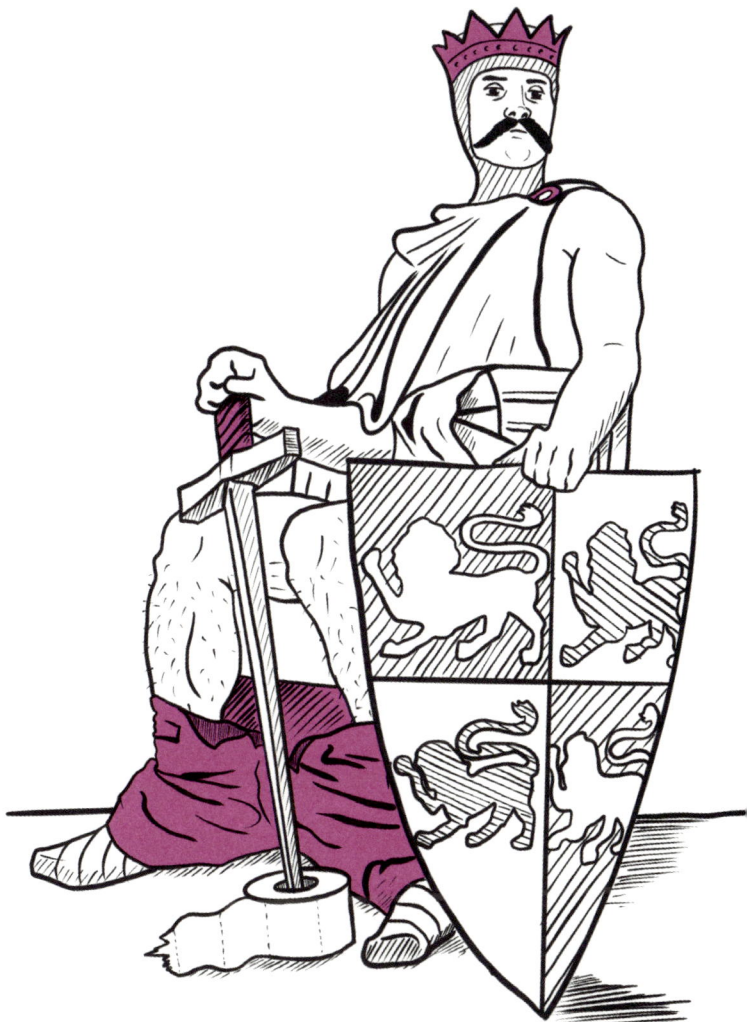

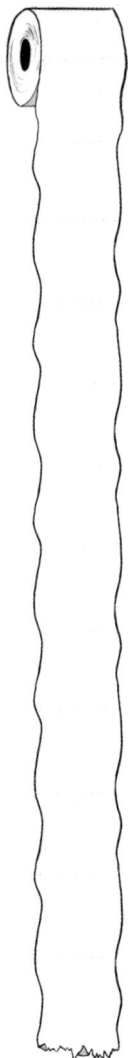

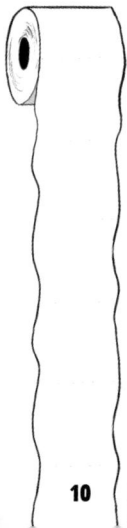
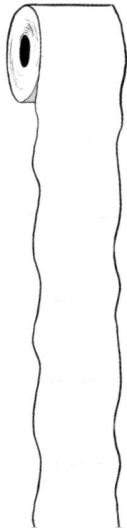

Bog-syllu

Mae
papur
yn
brin.
Sna'm
dewis
gen
innau
ond
trio
creu
cerdd
sy'n
hir
ond
yn
denau.

ARWEL
'POD'
ROBERTS

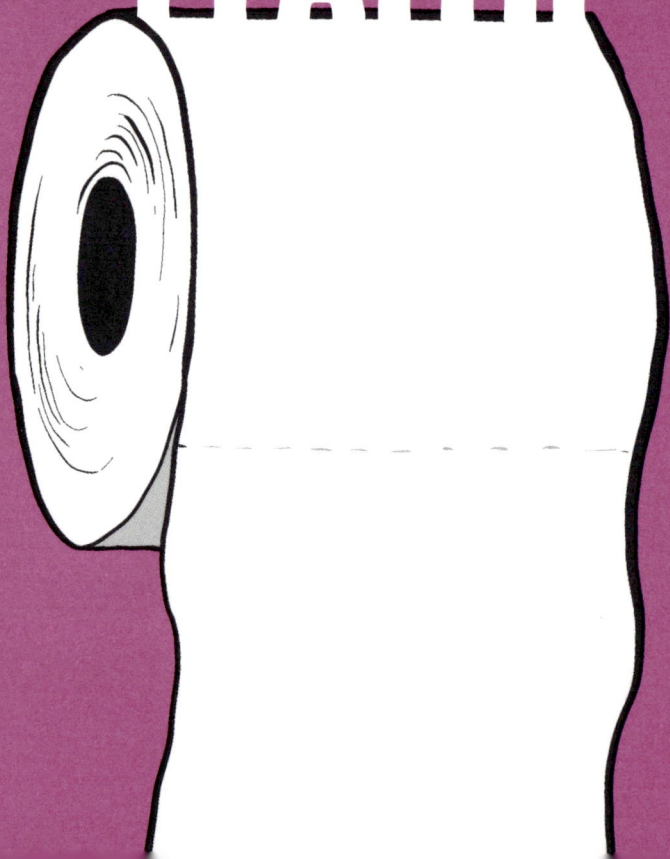

Bydd pawb yn ymweld â'r tŷ bach tua 2,500 gwaith y flwyddyn.

Trafferthion mewn tai bach

BETHAN GWANAS

Pan fyddwch chi'n mynd ar hyd yr A487 i
gyfeiriad Corris o'r Cross Foxes y tro nesa,
edrychwch i'r chwith at ffermdy Hafod Oer. Fanno
y cafodd teulu fy nhaid, Llew Evans, eu magu:
un ar ddeg ohonyn nhw a'r rhan fwyaf yn faswyr
neu'n faritoniaid arbennig. Roedd y tŷ bach tu
allan yn un dwbl, gyda thyllau i ddau ben ôl
eistedd yn daclus drws nesa i'w gilydd, a hynny
dros ffos. Fanno y byddai Taid a'i frodyr yn canu
ac ymarfer fel deuawdau, a'u lleisiau'n atsain dros
y cwm – yn ôl cymydog.

Mae meddwl am hynna wastad yn codi gwên. A
dwi'n gorfod gwenu o gofio ambell dŷ bach arall i
mi ddod ar eu traws dros y blynyddoedd.

Y twll yn y rhew nid nepell o Begwn y Gogledd:
roedd 'na babell felen drosto, a dyna i gyd. Dim
sedd o unrhyw fath, felly mater o blygu, mynd
ar dy gwrcwd, neu wneud y sblits oedd hi. Yn
anffodus, efallai oherwydd y fodca, doedd y bobl
oedd wedi bod yno o 'mlaen i ddim wedi llwyddo
i anelu'n rhy dda. Roedden nhw wedi methu'r twll.
Droeon. Felly roedd hi'n dipyn o dasg dod o hyd
i le glân i roi dy draed. Os oedd o'n hen fethiant,

roedd o wedi rhewi'n golsyn wrth gwrs (mae hi
reit oer yn y Pegwn), ond doedd rhywun ddim wir
isio arbrofi i weld pa mor ffresh oedd o.

A'r tŷ bach newydd sbon mewn pentre anghysbell
yn Nigeria. Twll yn y llawr eto, ond un bychan,
tua maint afal, a hwnnw dair modfedd ar y mwya
o'r wal. Ro'n i reit ifanc a heini bryd hynny ac yn
gallu gneud y sblits os oedd raid, ond er trio bob
ystum dan haul, methu wnes i a gorfod mynd
tu allan i chwilio am wair hir yn lle hynny. Yn
anffodus, roedd plant y pentre yn mynnu fy nilyn
i bob man. Felly mi wnes i ddilyn esiampl fy
nhaid a dechrau canu. Chwerthin wnaeth y plant –
a minnau – ac mae'n andros o job cadw'ch balans
ar eich cwrcwd wedyn.

Yn Togo, gwlad arall yng Ngorllewin Affrica,
ro'n i'n synnu 'mod i wedi cael traeth hirfaith
y brifddinas i gyd i mi fy hun. Do'n i methu
fforddio'r gwesty crand oedd â phwll nofio, a
ph'un bynnag, ro'n i'n sbio lawr fy nhrwyn ar y
twristiaid oedd yn ffafrio *chlorine* yn hytrach na'r
môr. *Pah!* Gorweddais ar fy nhywel i ddarllen llyfr.
Ac yn ara' bach a fesul tipyn dyma weld *bod* 'na

bobl yn dod ar y traeth – i fynd ar eu cwrcwd a
gadael lwmpyn bach oedd o ddiddordeb mawr i'r
pryfed. Gwell egluro bod hyn yn ôl yn y 1980au a
bod traeth Lomé bellach wedi newid yn arw. Ond
bryd hynny, fanno, yn amlwg, oedd y toiledau
cyhoeddus. Ro'n i newydd ddechrau meddwl
efallai y dylwn i godi 'mhac pan benderfynodd
natur dynnu'r fflysh. Am mod i ar fy mol, welais
i mohoni'n dod: y don fwya, wlypa erioed. Ro'n
i, fy nhywel a fy llyfr yn socien, a fy nillad a fy
fflip-fflops mewn peryg o gael eu sgubo allan i Fôr
Iwerydd. Ond o fewn dim, roedd y traeth yn lân a
phob pentwr bychan o garthion wedi diflannu.

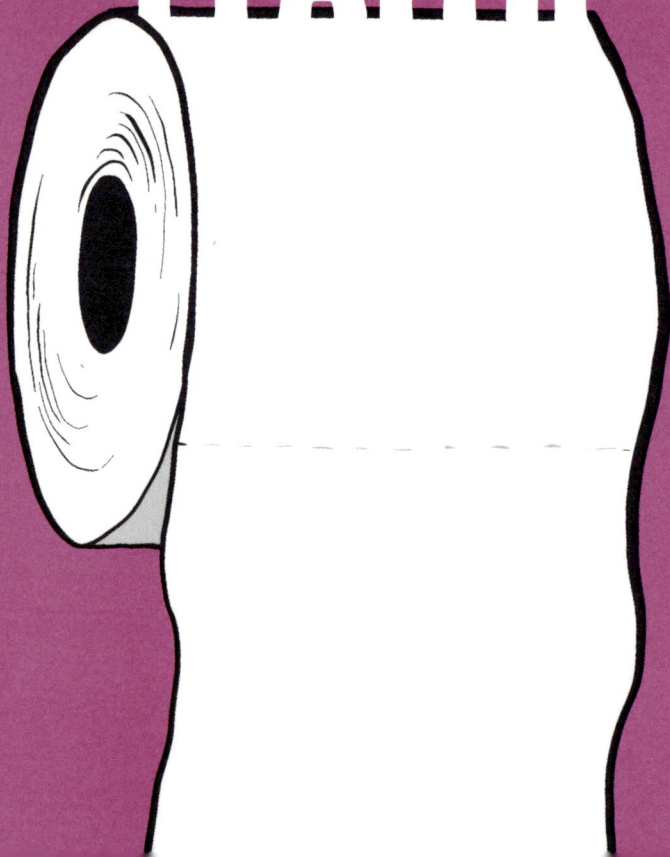

Mae geudy mewn castell bychan yn Knossos, Gwlad Groeg yn dal i weithio 4,000 o flynyddoedd wedi iddo gael ei greu.

Trafod fy ngharthion

Pan fyddaf yn trafod fy ngharthion
rwy'n siarad bob tro mewn damhegion.
 Mae'r doctor 'di dod
 i ddeall y cod
pan gwynaf fod oedi'n y stesion.

GWENNAN EVANS

Tŷ bach

Ni bu neb heb ei nabod, – sêt hwylus
        at alwad anorfod,
    beunydd i bawb, bu'n dda bod
    'tŷ bach' i gwato'i bechod!

DIC JONES

Toilet glân ar faes y Steddfod

(i'w chanu ar dôn 'Calon Lân')

Nid wy'n gofyn bywyd moethus
aur y byd na'i berlau mân,
gofyn wyf am doilet taclus,
toilet persawr, toilet glân.
Toilet glân ar faes y Steddfod,
hyfryd lanwaith bortalŵ,
un bach del nad ydio'n drewi,
toilet ffit i nymbar tŵ.

Wrth i'm grwydro maes y Steddfod,
mi a deimlais boenau cas
fel ffrwydriadau, rhaid oedd canfod
toilet cymwys iawn ar ras!
Toilet glân, lle ga'i beth felly?
Maen nhw'n brin, af ar fy llw
fod gwell stad ar y toiledau
yn Irác a Timbuktu.

Wrth i'm ruthro drwy y dyrfa
rhedais dros ryw bump o blant,
pedwar prifardd a'r boi figan
a dros feirniad y Cerdd Dant.
Toilet glân ro'n i'n ei geisio,
a'r rheini 'mhen draw'r sglyfath cae,
a'r picelli yn fy nghylla,
och! mor greulon, yn dwysáu.

Ar ôl rhedeg drwy y dyrfa
nerth fy nhraed fel dyn o'i go',
gweld, wrth rythu ar y drysau,
fod pob bastad un ar glo!
Toilet glân! Mae'r byd mor greulon.
Rwyf yn fardd o uchel dras
ac erbyn hyn mi roedd fy ngharthion
wedi dechrau gwthio mas!

Yna gwelais, megis Moses,
drwy ras Duw a'i ddirgel ffyrdd
ym mhen pella'r rhes ddigroeso
ddrws tŷ bach a golau gwyrdd.
Toilet glân yw'r hyn a fynnaf,
rwyf yn hogyn reit sidêt.
(Dwisio toilet sydd yn deilwng
o gachiadau Wills a Kate.)

Ond wrth rwygo'r drws ar agor,
ar y pan roedd dynas flin
yn sgyrnygu arnai'n filain
gan ddal papur sychu tin!
Toilet glân (heb rywun ynddo!),
nid oedd hwn yn llun rhy dlws.
Mi a waeddais ar yr hulpan
'Dysgwch gloi y ffwcing drws!'

O! Mor drasig oedd yr hanes
gan fy mod yn ddyn mor falch,
diawl o beth 'sa gorfod cachu
o flaen stondin Carreg Gwalch.
Toilet glân! Pa le yr ydwyt?
Mae fy sffincter bach dan straen
tra bod cynnwys cas fy stumog
yn crwbannu 'nôl a 'mlaen.

Roedd 'na doilet ger y bariau
ond ni all hwnnw gario'r dydd,
yn y pan fe nofiai fflotar
a hyd y waliau, ddolur rhydd.
Toilet glân! Doedd gen i'm dewis,
ond sgrialu'n wyllt yn awr
am gefn llwyfan y pafiliwn
am doiledau'r bobol fawr.

Mi a redais drwy ryw stiwart
fel anifail gwyllt mewn sw.
(Peidiwch byth â cheisio rhwystro
dyn o Lŷn sydd angen pw.)
Toilet glân oedd gefen llwyfan
ond ar y pan roedd T. James Jones;
roedd y diawl yn gwrthod symud
ac fe lenwais i fy nhrôns.

Gair o gyngor i'r Eisteddfod,
os am atal och a gwae
gwnewch yn siŵr fod myrdd toiledau
wedi'w pupro hyd y cae.
Toilet glân! Rhy hwyr i minnau.
Fe ddaeth oes fy nhrôns i ben.
(Dwi am werthu nhw ar eBay
i godi pres i'r Steddfod Gen!)

GRUFFUDD OWEN

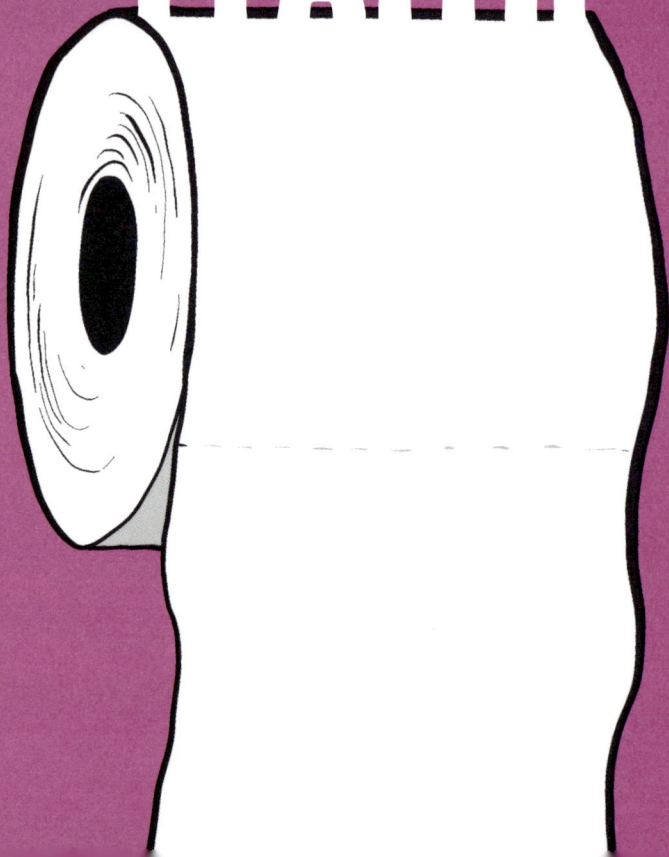

Mae 200% yn fwy o facteria ysgarthol (fecal) ar y bwrdd torri llysiau arferol nag sydd ar sedd toilet.

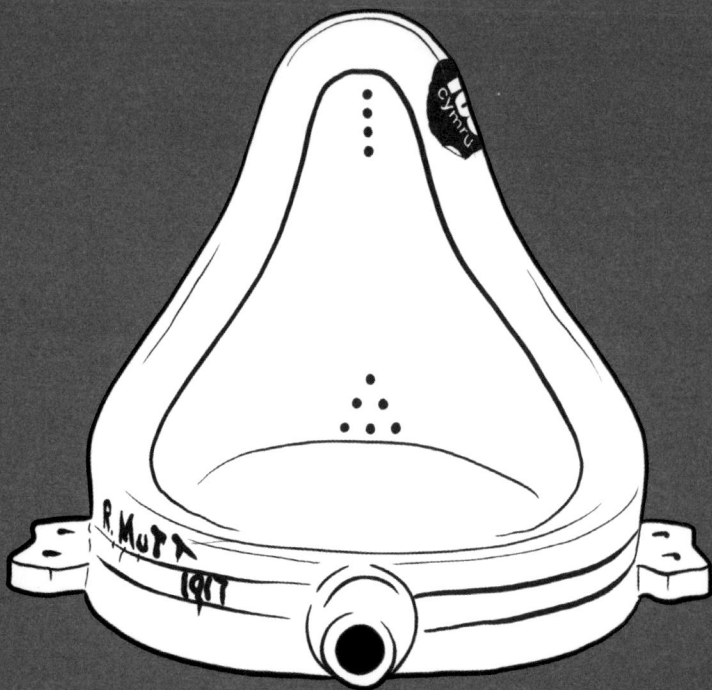

Vindaloo

IFOR AP GLYN

Dyma englyn bach sy'n sôn am agwedd lai cyfarwydd ar
ein perthynas ni â'r tŷ bach, englyn a gafodd glod gyda'r
mwya yn ein gwlad fach ni – nid sôn ydw i am lwyddiant
eisteddfodol na rhyw firi felly, ond rhywbeth pwysicach
o lawer. Roedd y gerdd fach hon mor annwyl gan aelod
anhysbys o'r cyhoedd nes rhoi iddi'r 'ultimate accolade',
a'i sgwennu ar wal toiledau tafarn y Cŵps.

Dychmygwch fy malchder felly, yn gweld fy ngwaith
yn graffiti uwchben iwreinal, yn Athen y Canolbarth!
Roedd hyn cyn dyddiau'r ffôn-gamera neu faswn i wedi
whatsapio'r teulu i gyd (heblaw Mam, sy'n cael e-bost
yn ddigon anodd) ond roedd fy mam yno pan gafodd
yr englyn sylw tu allan i Gymru. Wnes i ei gyflwyno fel
rhan o set yn y Golden Poo Awards yn Balham, Llundain,
gydag Arthur Smith yn arwain y noson ... ond stori arall
yw honno.

Yn ôl at yr englyn. Fel mae'r teitl yn ei awgrymu, mae
a wnelo fo â bwyd Indiaidd, ac mae'n disgrifio defod
wythnosol fyddai gan ddynion ifainc ers talwm, o gael
boliad o lysh yn nhafarnau'r dre cyn ei throi hi am
fwyty Indiaidd i ddiweddu'r noson. A chan y byddent
erbyn cyrraedd y dywededig fwyty, yn feddw ac yn hy,
bydden nhw'n galw am gyrri poetha'r lle – am *vindaloo,*

debyg iawn, gan herio'r *waiter* druan i 'wneud yn siŵr bod hi'n boeth, dallt?' Byddai yntau wedi gorfod dygymod yn rhy aml gyda'r rhain a'u siort yn jarffio ac yn bwrw'u cylchau fel hyn bob nos Sadwrn – ac felly byddai'n sicrhau fod y *vindaloo* **yn** boeth. Yn **ymbelydrol** o boeth.

Roedd gofyn i'r dynion ifainc rŵan fwyta pob tamaid o'r *vindaloo* rhag colli parch eu cyd-yfwyr, a chyda phob cegaid yn ysu'u tafodau, bydden nhw'n cael eu hatgoffa o un o Wirioneddau Mawr Bwyd Indiaidd: 'yr hyn a elo mewn yn boeth, ddaw allan drannoeth yn boethach fyth.' Ac felly, o un i un, byddai'r dynion ffôl hyn yn dechrau edifarhau am eu hyfdra ac yn sleifio allan i ffonio'u mamau (gan mai byw adre o hyd y byddai'r rhain yn ddi-ffael), ac yn sibrwd y neges hon: 'Haia Mam, bydda i ar 'yn ffor adra toc – wnewch chi roi'r toilet rôl yn 'ffrij, plis?'

Ac felly, heb ragymadroddi mwy, dyma'r gerdd; wnaethon nhw chwerthin yn Balham – gobeithiaf y gwnewch chithau hefyd!

Vindaloo

Rho i'th safn y saig llafnog – i brofi'r
llosgi braf hirhoedlog,
a sut beth ar sêt y bog
drannoeth, yw cachu draenog.

IFOR AP GLYN

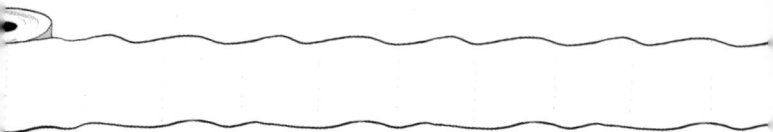

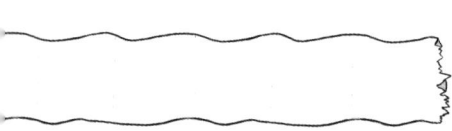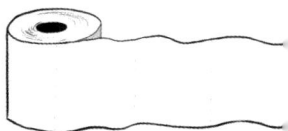

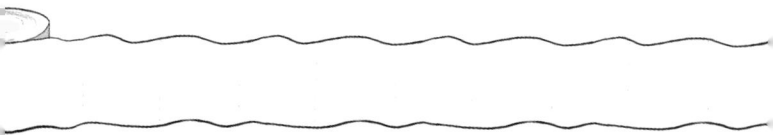

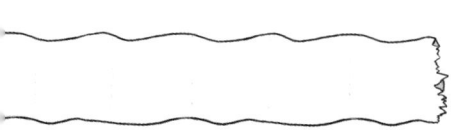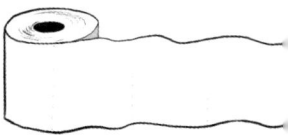

Be 'dach chi'n galw'r bechingalw?

Toiled
Lle chwech
Jeriw
Tŷ bach

Yr orsedd
Yr ystafell leiaf
Taranflwch
Closed
Bog
Yr ystafell fechan
Geudy
Cachdy

A oes mwy ... ?

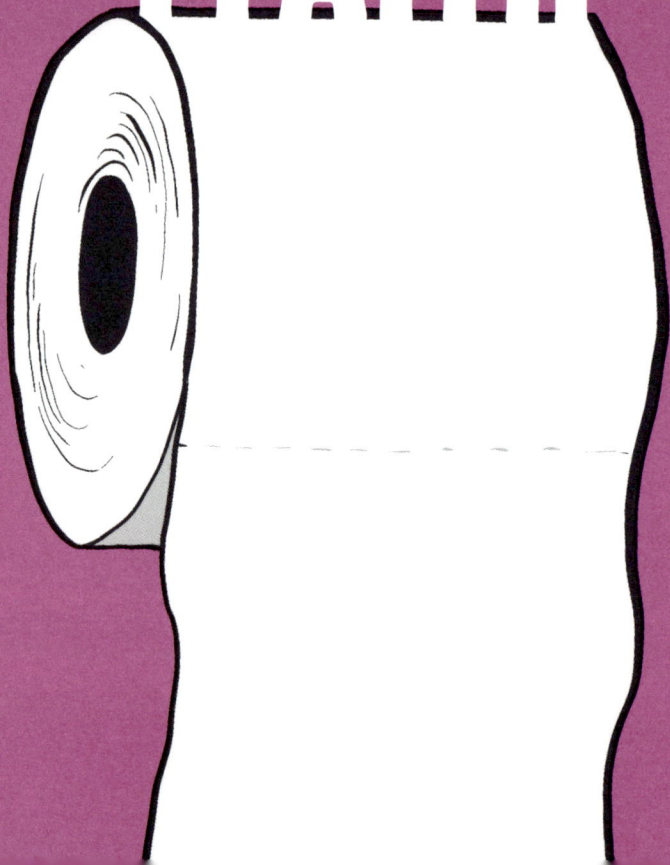

Mae amgueddfa toiledau a photiau piso ym Mhrâg, Tsiecoslofacia yn llawn miloedd o wrthrychau sy'n ymwneud â'r ystafell leiaf. Ymhlith y creiriau mae potiau pi-pi o eiddo Napoleon, Abraham Lincoln pan oedd yn y Tŷ Gwyn, a photiau piso a ddefnyddiwyd ar y Titanic.

Bore wedyn

Nid yw'r stancian na'r canu'n amharchus
     i'r merched a hefru
    na gwên stêl y Guinness du'n
    baradwys bore wedyn.

EURIG SALISBURY

Pam bo' fi'n flin?

Dwi'n llyncu mul fel plentyn bach,
a troi fy nhrwyn ar fwydydd iach.
Pam bo' fi'n flin?

Dwi'n gweiddi arnat nerth fy mhen,
a teimlo fod y byd ar ben.
Pam bo' fi'n flin?

Dwi'n gwisgo jîns a teimlo'n dew,
dwi angen potel ddŵr poeth a rhew.
Pam bo' fi'n flin?

Dwi'n yfed hufen yn syth o'r pot,
dwi'n gwylio ffilm a crio lot.
Pam bo' fi'n flin?

'Dan ni'n y bar a dwi'n gneud sîn,
dwi'n ffeindio gwaed o 'nghont i 'nhin.

Ffoc sêcs.

LLIO MADDOCKS

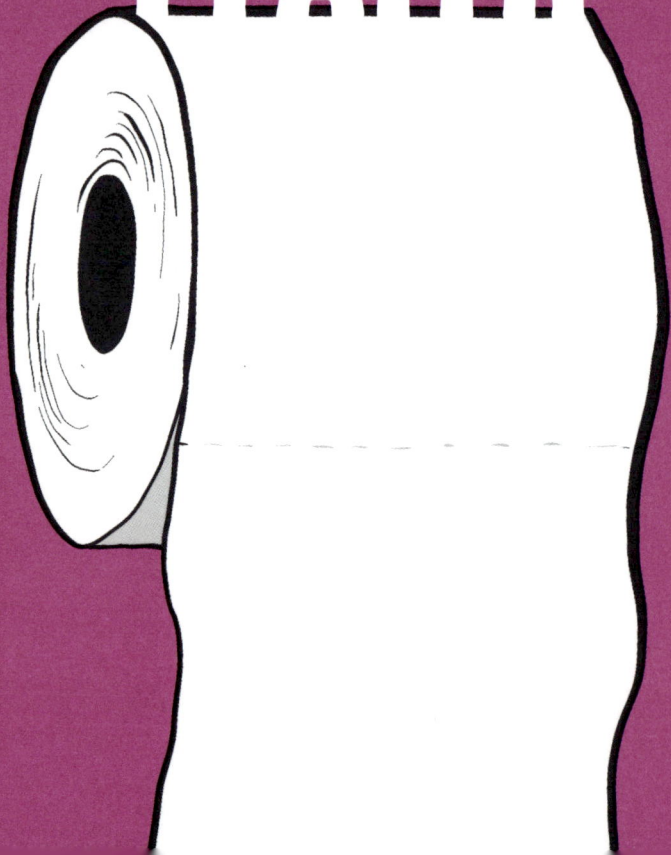

Psycho oedd un o'r ffilmiau cyntaf erioed i ddangos toilet yn fflysho. Roedd hyn 'nôl yn 1960 ac fe greodd yr olygfa honno stŵr rhyfeddol.

Y gred oedd ei fod yn anweddus a derbyniwyd sacheidiau o gwynion.

Fy seibiant toiledol

Yn ôl ac ymlaen yn oes oesol
yr awn am fy seibiant toiledol,
    ond ers diffodd y *wi-fi*
      ym mloc y toiledau
mae f'allbwn 'di gwella'n syfrdanol.

GWENNAN EVANS

Un ar ras ...

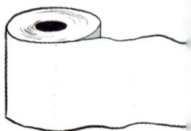

Un ar ras yw'r dolur rhydd,
Ar wib fe ddaw'n ddirybudd.

GWYN JENKINS

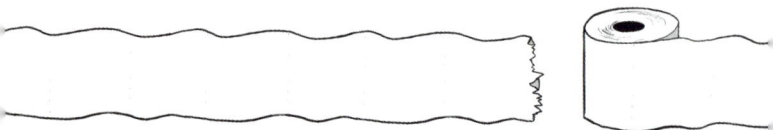

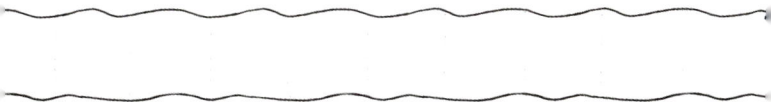

 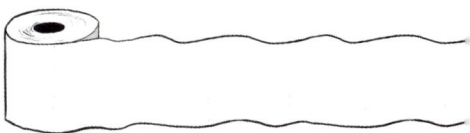

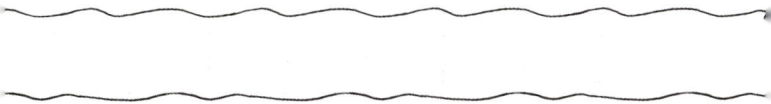

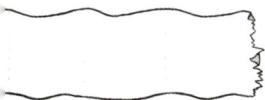 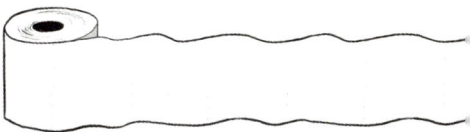

Toiledau Caernarfon

HYWEL PITTS

Maen nhw'n dweud does unman yn debyg i gartref – sy'n
wir, os nad ydych chi'n byw mewn rhyw gell ddilewyrch
a digymeriad (yn y carchar, efallai; neu mewn llety i
fyfyrwyr). Ond mae'n fwy gwir byth i'r rheini ohonom
sy'n ddigon ffodus i fyw yng Nghaernarfon: Mecca'r
Cymry Cymraeg. Gallwch chi wneud popeth yno yn y
famiaith, ond does dim yn amlygu natur unigryw'r dref
gystal â'i thoiledau.

Os ydych chi'n wryw sydd wedi bod i wagio'i bledren
neu'i fwâls yn Peep (neu Cube, neu Gloop, neu Pube – pa
bynnag air unsill mae'r clwb nos ym Mangor yn galw'i
hun y dyddiau yma), siawns y byddwch chi'n gyfarwydd
â'r dynion difyr sy'n gweithio yn nhai bach y bechgyn
mewn dinasoedd. I'r rheini sydd ddim, dyma'r drefn
arferol. Rydych chi'n pi-pi (neu ar achlysuron eithafol
yn pw-pw), ac ar ôl i chi wneud eich busnes, wrth i chi
olchi'ch dwylo, mae dyn bach mewn dici-bo yn eich
gwlychu hefo rhyw hylif rhyfedd ac yn gweiddi ambell
air cefnogol atoch dros sŵn y sychwr dwylo. *No spray, no
lay! No splash, no gash! No cologne, go home alone!*

Rydych chi'n rhoi punt neu ddwy i ddiolch iddo – neu
wên ymddiheurgar wrth i chi batio'ch pocedi llawn
gan smalio'u bod nhw'n wag – a 'dach chi'n gadael

bogs yr 'ogs yn hymian o Joop! ac yn barod i hudo pwy neu beth bynnag sy'n ticlo'ch ffansi. Mae'n brofiad anghyffyrddus ar y gorau, cael *spritz* o sent a rhes o rigymau misogynistig gan ddieithryn. Mae'n fy atgoffa o fod yn blentyn yn y nawdegau, yn eistedd yn y rhes flaen yng nghynulleidfa *Noson Lawen* ac yn derbyn cawod o boer gan y digrifwyr.

Chewch chi mo'r ffasiwn iaith anaeddfed yn nhoiledau Caernarfon. Os ewch chi i le chwech chwaethus y Black Boy, chewch chi'm oportiwnydd yn trio'i lwc efo rhyw odlau plentynnaidd a phersawr ffug, o na; mae pawb sy'n gweini arnoch yno yn berchen ar gadair eisteddfodol. Ewch i'r chwechle, a phwy fydd wrth y sinc ond neb llai na'r Prifardd Ifor ap Glyn, yn cynnig y peraroglau drutaf mewn cynghanedd.

'Yma rwyt yn chwilio 'm ryw? Hugo Boss heb os 'di'r boi!' dywed wrth chwistrellu niwl o bereidd-dra drosoch a phwyntio at ei beiriant talu digyswllt, cyn cyfarch y criw nesaf: 'Iawn latsh? Sblash o Versace?'

Does unman yn debyg i Dre; ac os ydych chi'n amau'r peth, ewch am bisiad yno.

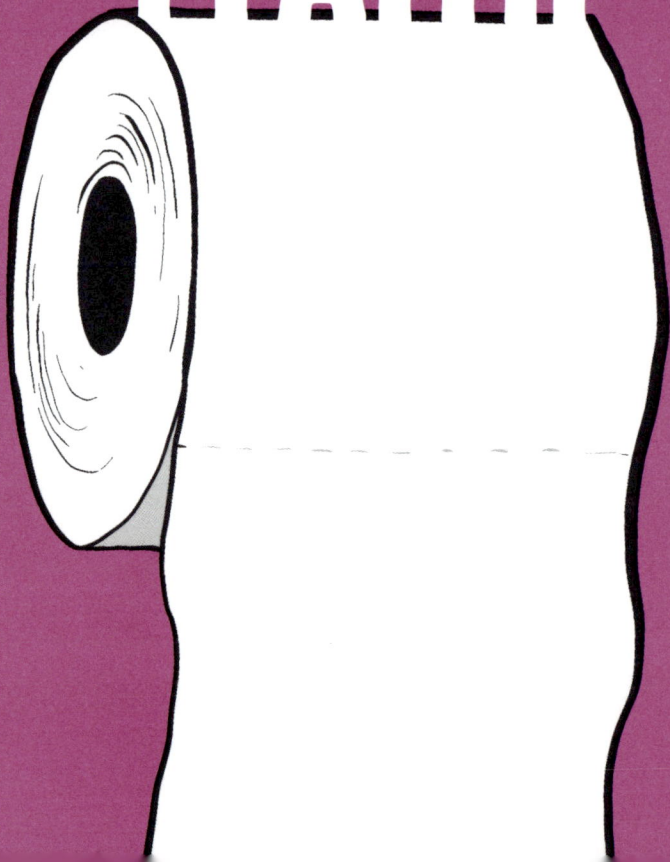

Rhaid brysio i adael
wedi tynnu'r fflysh.
Mae'r germs yn gallu
codi hyd at 6 throedfedd
yn yr awyr. Neu rhowch
y caead i lawr, ynde.

Y rheolau

Croeso mawr i'n tŷ bach ni,
y closet, toilet, lle pi-pi ...
Dyma'r rheolau i'th helpu di:
paid creu Tryweryn dros fy llawr,
paid treulio yma awr 'rôl awr.
Paid troi'r llif papur i raeadru 'nôl,
na gadael rholyn noeth ar ôl.
Paid â sbrencian dros bob man –
y wal, y llawr na dros y pan.
Paid â gadael arogl cas
heb agor ffenestr i'w adael mas.
Gwna'n siŵr nad oes gwaddol yn y pwll
na dim rhy fawr i rwymo'r twll.
Gocheler rhag gadael staen na chraith
a rho'r caead i lawr 'rôl gorffen y gwaith.

Golcha dy ddwylo a'u sychu'n sych.
Paid sgwasho dy *zits* dros fy nrych.
Os oes raid, cei daro rhech.
Diolch am ymweld ag ein lle chwech.

Yn gywir,
THPŴ.

NIA MÔN

Diwrnod i'w gofio

Roedd dydd Sadwrn yn ddiwrnod i'w gofio'n tŷ ni.
Mi ddechreuodd pan aeth Mari fach i bi-pi,
a hynny 'rôl brecwast, tua chwarter i naw
(dim ond bore cyffredin oedd hwn, gyda llaw).

O'n i a fy ngwraig yn cael paned o de,
a'r plant yn cael Shreddies a dau Milky Way,
yn deulu bach dedwydd o gwmpas y bwrdd:
wydden ni'm am ddigwyddiad filltiroedd i ffwrdd ...

... yng nghanol 'r Iwerydd, lle roedd clamp o deiffŵn
wedi rhwygo y cefnfor, gan wneud lot o sŵn
a sugno y moroedd i'r awyr yn fflyd
gan effeithio ar holl garthffosydd y byd.

Na, wydden ni ddim am y storm a'r tswnami
wrth i'r teli ddarlledu ripît o *Dad's Army*;
ond yn sydyn, fel taran, daeth sgrech o'r tŷ bach:
'Mae Mari mewn trwbwl, mewn helynt, mewn strach!'

Mi gurais yn wallgo ar ddrws y lle chwech,
ond chlywais i'm byd ond sŵn andros o rech.
Mi ruthrais i mewn – roedd y toilet yn wag –
roedd Mari 'di mynd! (Ond i ble? – Penarlâg?!)

Pwyso wnes ar y seston a 'nghoesau yn wan,
roedd yn amlwg ei bod hi 'di'i sugno lawr pan
(mi oedd 'ne ryw drafferth 'di bod efo'r tjaen,
ond doedd dim byd fel **hyn** wedi digwydd o'r blaen).

Un peth oedd yn bwysig – cael Mari yn ôl,
a heb feddwl mi neidiais i mewn ar ei hôl
a gwthio fy ffordd rownd yr S-bend yn slic
heb boeni dim byd am yr oglau Har-pic,

a lawr drwy'r carthffosydd y nofiais yn chwim
a chyrraedd y cefnfor heb snorcel na dim;
ac yno, wrth outfall yng nghanol yr heli,
roedd Mari, yn darllen barddoniaeth gan Shelley,

neu Keats, dwi'm yn siŵr, 'sgen i'm syniad, deud gwir:
dio'm yn bwysig ta beth. Smotyn bach oedd y tir;
ond 'rôl nofio am oriau a 'mrest i yn gaeth,
mi gariais i Mari'n ddiogel i'r traeth.

Ac yno'n ein haros, y teulu i gyd
oedd yn gwneud cestyll tywod yn ddigon di-hid,
a chofiais yn syth, wrth weld Nain ar gefn mul,
mai heddiw oedd diwrnod y trip ysgol Sul.

Aeth gweddill y diwrnod yn angof ers talwm,
ond cofiaf hyd heddiw wrth fentro i'r bathrwm
i glymu fy hun yn ddiogel wrth dap
a gwisgo *life-jacket*, a snorcel a chap.

GERAINT LØVGREEN

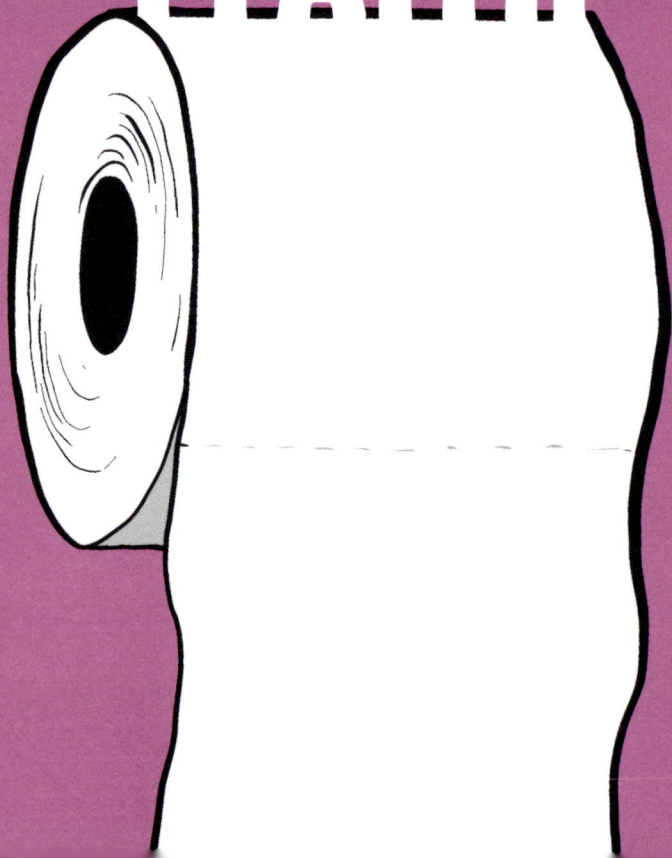

Yn ôl un astudiaeth, mwya'n byd o apiau ac ati sydd ar eich ffôn clyfar, hira'n byd fyddwch chi'n eistedd yn y tŷ bach.

Y geudy

Y geudy hwn a godwyd – i fwrw'r
      holl fara a gnowyd.
    Ni ŵyr y Saint faint o fwyd
    i dwll angau d'ollyngwyd.

ANHYSBYS

Signal gwan
a Sarcophagus Llanelwedd

SIÔN TOMOS OWEN

Mae gen i ffrind, Bulb, sy'n feistr ar y grefft o beidio ateb tecst. Ein haduniad blynyddol yn 2006 oedd y Sioe Fawr, gan ei fod e'n fab ffarm, ac o'n i'n gweithio fel *runner* i'r BBC ar y pryd, fe benderfynon ni gwrdd am noson ar faes y ffermwyr ifanc, tua milltir i fyny'r A470 lle roedd bar, cerddoriaeth a'n carafán am y noson. Ond fel mae pob Cymro yn gwybod, Powys yw gwlad y signal gwan ac yn y filltir fer honno, collais i fy ffrind er gwaetha tecst a galwadau o'n Nokia ddi-werth.

Wrth i'r gân olaf gwpla tua un y bore roedd disgrifiad ei garafán yn fy mhen: 'Ma fe'n *beige* gyda *awning* 'di colapso a ma fe yn y gornel.' Cyrhaeddes i faes gwersylla y ffermwyr ifanc a sylwi bod y disgrifiad fel ceisio ffeindio dafad wen, wlanog sy'n brefu! Roedd pump rhes tua hanner milltir o hyd o garafáns *beige* a phob *awning* mewn rhyw stad o *collapse*! Wedi dros awr o grwydro, o'n i'n eithaf sicr 'mod i 'di ffeindio'r un gywir, ond doedd dim golwg o Bulb. Felly, rhag ofn, penderfynes i orwedd o dan y garafán i gysgu nes iddo gyrraedd.

O'n i'n bles iawn deffro i sŵn llais dyn, ond sylwes i fod llais merch yn gwmni iddo – grêt iddo fe ond nid i mi os o'n i am le i gysgu! Dechreues i sleifio yn araf allan o 'mhydew o dan y fan; ond wrth wneud dechreuodd y garafán siglo a newidiodd tôn y lleisiau uwch fy mhen. Dyna pryd sylwes i ar yr acen. Roedd Bulb o Aber. Doedd y 'stud' yma ddim.

Llithres i ar fy nghefn ar hast ond wrth gyrraedd hanner ffordd allan, agorodd ffenest uwch fy mhen a disgynnodd dau *sandbag* allan ohono, cyn i mi sylwi bod gwallt hir a phâr o lygaid tu ôl iddynt yn syllu lawr arna i.

'Denzil! A pervert! Denzil! A pervert!' sgrechiodd. Dihangais wrth i Denzil noeth saethu allan o berfeddion serchol y garafán gyda'i waywffon.

Cefnais ar y syniad o ffeindio Bulb a phenderfynu mai'r unig le arall dan do i gysgu oedd ... y portalŵs. Agorais y drws a theimlo'r gwres cynnes braf cyn i weddill fy synhwyrau gael eu treisio, ond o'n i bron â marw isie cysgu. Felly, fel y baban Iesu, wnes i breseb o bapur tŷ bach ar ben y toilet cyn stwffo dau wad lan fy nhrwyn.

Ond achos yr ongl, roedd rhaid i mi roi un droed yn erbyn y drws a phwyso ar un ochr i orwedd, ond wrth i 'nghorff fynd yn llipa â thrwmgwsg bysen i'n pwyso'n araf yn erbyn handlen y fflysh. Treuliais y noson yn cwympo i gysgu cyn i'r fflysh fy nychryn ar ddihun bob ugain munud, yna'n cychwyn yr holl rwtîn eto fel rhyw gloc cwcw o uffern.

Ges i 'neffro o'r hunllef gan ddyn mewn *hi-vis* – oedd yn amlwg ddim yn disgwyl gweld cochyn *hungover* wedi'i lapio mewn papur tŷ bach fel *mummy* mewn *sarcophagus* PVC – yn pwyntio hwfer cachlyd anferth at fy ngwyneb.

Wythnos yn ddiweddarach ges i ateb i 'nhecst gan Bulb. 'Sori golles i ti, boi. Gobitho o'dd y noson ddim rhy shit!'

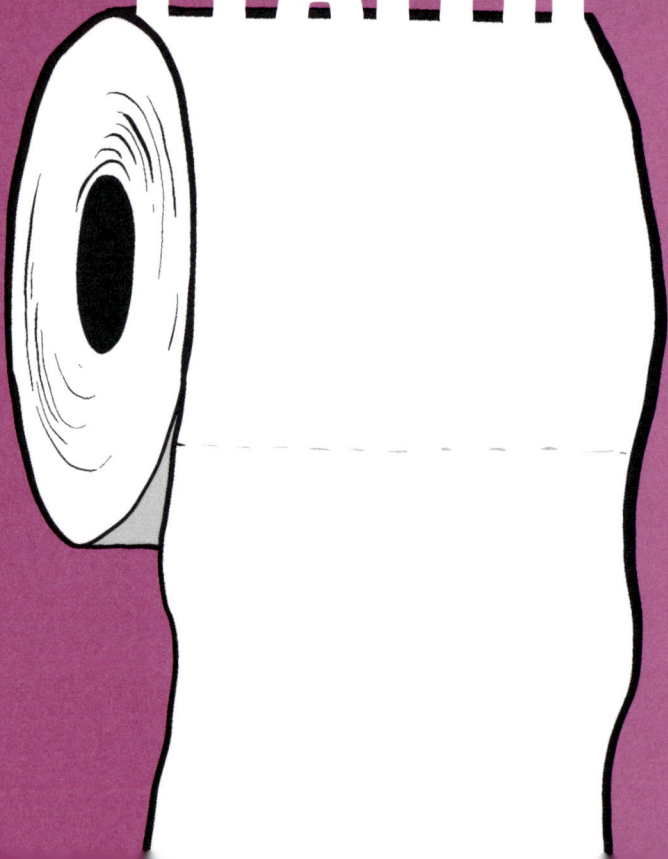

Bu farw'r Brenin Siôr yr Ail wrth ddisgyn oddi ar doilet yn 1760.

Ar 16 Awst 1977, cafwyd hyd i gorff y canwr eiconig Elvis Presley ar lawr ei ystafell ymolchi; mae'n debyg iddo syrthio oddi ar ei doiled.

Y mae marw ar y toiled yn fwy cyffredin nag y byddai pobl yn ei dybied.

I'w morwyn wrth gachu

Crwciodd lle dihangodd ei dŵr – 'n grychiast
    o grochan ei llawdwr;
  ei deudwll oedd yn dadwr',
  baw a ddaeth, a bwa o ddŵr.

GWERFUL MECHAIN

Graffiti mewn toiledau cyhoeddus

Pan fyddi di'n ffili dala
Neu falle'n teimlo'n sâl,
Mae'n gysur wastad gwybod
Fod lle fel hyn i ga'l!

**ANHYSBYS
(NEUADD Y BRENIN, ABERYSTWYTH)**

Daw yma rai i biso a chachu,
Daw yma rai i isda a sgwennu,
Dŵad yma dwi i grafu 'ngheillia
A darllan cerddi ar y walia.

**ANHYSBYS
(UN O WALIAU'R COLEG YM MANGOR)**

Ar ôl rhoi ceiniog yn yr hollt
A throi y bollt yn bwyllog,
Caiff cradur tlawd roi'i din i lawr
Fel pob rhyw ŵr cyfoethog.

ANHYSBYS

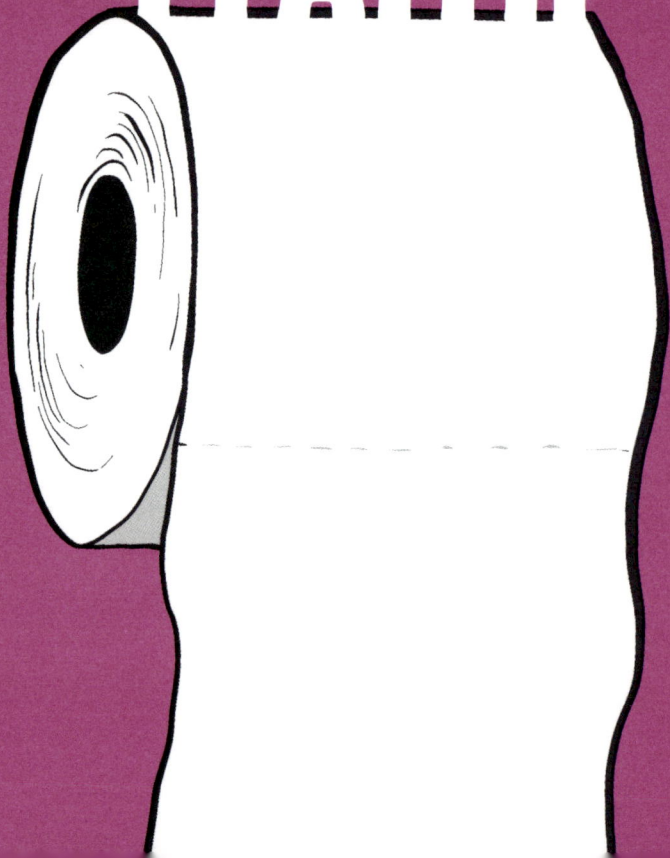

Mae'r llif fel arfer
yn gryfach ac yn haws
pan fydd merched
yn mynd ar eu cwrcwd
neu'n cyrcydu i bi-pi.

Mae'n haws gwagio'r
bledren bron yn llwyr
felly na phan fyddan
nhw'n eistedd neu'n
'hofran'.

Dŵr

'Oes gair na allwch ei roi mewn cerdd?' –
myfyrwraig

Caraf her yr ymholiad
am destun annhestunol.
Beth am y weithred a red
drwyddom mor anwel ag ana'l?
Y ffordd yr ymwahanwn,
cyn uno eto, yn gytûn?

Awn yn dawel i'w gynteddau,
nid â mawl, ond â'r hawl hy:
yr anhysbys ddihysbysiad.
Daw i fod, o orfodaeth,
a'r gollyngdod, onid
ein hanfod yw?

Yna, dychwelwn i'r byd
wedi ein hadnewyddu.
A'r llif? Nid yw'n un llafar,
nid yw'n weddus ar wefus
i leisio ei gytseiniaid.
Si neu sibrwd sy orau,
'P-shhh, *pissoir*, *pee*';
i barchusion, rheg yw,
    yn air aflednais,
        piso.

'Dŵr' oedd gair fy nheulu,
 a 'thŷ bach' yn ein tŷ mawr.
'Cynt y câi dryw biso yn y môr'
 nag yng nghlyw eu tafod-leferydd,
'Piso mochyn yn yr eira',
 igam-ogam ei gam ond camwedd –
'fel piso yn erbyn y gwynt'.
A wyddwn i ddim nes dod i oed
 beth oedd 'codi pais ar ôl piso'.

A heno, crëwyd cerdd
wrth wrando ar fardd ar sgrin
yn hawlio'r awr i'w awen,
a minnau'n croesi bysedd – a choesau –
aflwydd ddyfroedd aflawen.

Ac rwy adre eto yn y Mans,
yng nghlyw chwerthin iach fy nhad
wrth adleisio gair cymdoges
ei bod hi'n '*pissh*-tyllo bwrw'!

Bellach, ei llais a glywaf innau –
yn hap pur wrth gymryd y *piss*.

MENNA ELFYN

Encil heddychlon

ANNES GLYNN

O'r diwedd! Munud neu ddau gwerthfawr i chi
eich hun!

Ydach chi'n ista'n gyfforddus? Pentwr o Sudokus
wrth law? Cylchgrawn neu ddau, ambell groesair?
Y drws wedi ei gloi? ... Os felly, mi ranna' i stori
fach efo chi. Sawl un a dweud y gwir, ond yr
un ydi'r thema. Chwerthin? Llond bol! Ymhen
amser ...

Tua wyth oeddwn i pan ddigwyddodd o gynta',
ac allan o'm cynefin. Thema arall gyffredin.
Bron â byrstio ar ôl taith hir yn y car a Dad
wedi penderfynu stopio yn Llwydlo am banad a
chacan. Fy rhieni'n dotio at y caffi hen ffasiwn du
a gwyn Tuduraidd. Fi a'm chwaer fach ar dân am
bi-pi, ac antur, ac yn ei heglu hi i fyny'r grisiau
cul, ar hyd y coridor anwastad ac i'r geudy cryno.
Ew! Rhyddhad!

Ac yna dyma drio datgloi'r drws. Trio wedyn, ac
wedyn. Ac wedyn. Dim byd yn tycio a'r panic
fel lwmp o rew yn fy stumog. Dechrau curo, ac
ar ôl oriau hirion (rhyw bum munud yn ôl cloc
oedolion) llais Mam i'w glywed yr ochr arall i'r

drws yn trio siarad sens efo ni, ein llonyddu, ac yn esbonio sut oedd y pethau 'ma'n gweithio. A, rhywsut neu'i gilydd, ymhen amser, dyma ni'n dwy yn powlio allan o'n cell ac yn syrthio'n ddagrau ac yn ofnau i gyd i'w breichiau.

Caethiwed tebyg fu'r hanes hefyd ar safle carafannau yn ne Ffrainc ymhen rhyw flwyddyn neu ddwy wedyn, ar drên a welodd ddyddiau, a chloeon, gwell; mewn canolfan arddio, canolfan gelfyddydol ...

Yn fwy diweddar o lawer, mewn *pit-stop* hwylus yn y Canolbarth ar y ffordd i'r Sowth. Dim signal ar fy ffôn, neb arall o gwmpas gan ei bod yn gynnar yn y bore. Wyddwn i ddim bod gen i'r fath nerth yn fy mraich nes imi roi hergwd i'r drws â bloedd Darsanaidd, cyn rhedeg allan i ryddid (ar ôl golchi fy nwylo yn ddigon ffrwcslyd). A pheidiwch â sôn am yr hen dai bach 'na sy'n mynnu pres ganddoch chi i'w defnyddio. Mi fedrwn i ymhelaethu ...

Be'? Dach chi wedi cael digon? Wedi tarfu ar eich 'pum munud tawel' chi? Dach chi'n hen gyfarwydd efo'r clo adra, siŵr iawn.

Be'? Mae o wedi bod yn rhyw simsan yn ddiweddar. Rhyw dwrw fel gwich ll'godan arno fo. Angen twtsh o WD40? Wna' i ddim eich cadw chi felly. Jest rhag ofn. Gobeithio bod eich ffôn bach ganddoch chi.

Nacdi, siŵr. Encil heddychlon oedd hwn i fod, yntê?

FFAITH
efallai

Mae'n debyg bod y rhan fwyaf o doiledau'n fflysho yn y cywair E fflat.

Ar ôl y snip

Selwyn, hen foi reit solet, – sy'n hopian
      'rôl snipio ei aset.
    Holodd, cyn t'wyllu'r toilet,
    ai *male* neu *female* dwi, mêt?

AL TŶ COCH

toiled, toilet

[bnth. S. *toilet*]

eg. ll. *toiledau, toiledi, toilets.*

(Adeilad, ystafell, &c., sy'n cynnwys)
cyfarpar sy'n derbyn a gwaredu
carthion dynol, tŷ bach, geudy:
toilet, lavatory.

> 20g.
>
> Ar lafar, 'Mae'n anodd cal *toilet* glân yn
>   unlla dyddia 'ma pan ma rywun yn
>   trafaelio' (Arfon); 'Ma'r *toilets* yn
>   dre yn drewi', 'Fi 'di gadel 'y nghot
>   yn y *toilet*' (sir Gaerf.).

| i¹ | toien¹ | toiled | toili | toi |

Penillion pen-ôl

Yr iach a gach yn y bore,
yr afiach a gach yn yr hwyr,
yr afiach a gach dameidiau bach
ond yr iach a gach yn llwyr.

ANHYSBYS

O diar, diar, doctor
Mae gen i boen yn f'ochor,
Mae'n well gen i roi pwmp o rech
Na thalu chwech i'r doctor.

ANHYSBYS

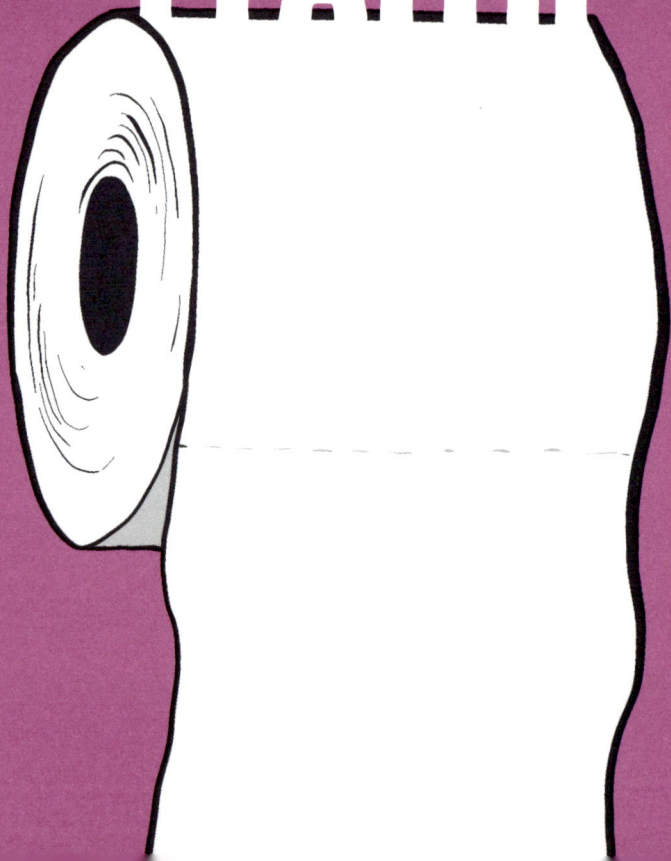

Gwrthodai'r swyddog Natsïaidd Hermann Göring ddefnyddio papur toiled arferol. Yn hytrach, byddai'n prynu llond gwlad o hancesi cotwm meddal ac yn defnyddio'r rheiny ...

Sgwrs rhwng dau doilet yn Llanbrynmair

DAFYDD LLEWELYN

*Clywir sŵn dŵr yn byrlymu hyd bibellau cyn bod sain
balog yn cau, belt yn tynhau a chliced drws yn agor
ac ôl traed yn ymbellhau.*

Bryn: O mam bach!

Mair: Ti'n iawn?

Bryn: Dwi isio cyfogi.

Mair: Yfa fwy o ddŵr a fyddi di'n teimlo'n well.

Bryn: 'Swn i'n yfed Clywedog yn sych fasa'r
drewdod 'na'n dal i 'nhagu. Ach a finna. Siŵr
bod llyngyr arno fo.

Mair: Oeddach chdi'n 'nabod o?

Bryn: Na, gwisgo crys lliw bloda afiach, fflip-fflops
pinc a sbectol haul wirion am ei drwyn.

Mair: Un o'r rheina.

Bryn: Acan gomon ar y naw gynno fo, a ws'ti bod o'n siarad ar ei ffôn wrth neud ei fusnes?

Mair: O paid.

Bryn: Mwy o'r stwff brown yn dod o'i geg nag o'i …

Mair: Plis! Dwi'm isio'r manylion.

(*Saib*)

Bryn: Dim dyma oedd gin i mewn golwg i ni'n dau.

Mair: Am be' ti'n fwydro?

Bryn: Oedd gin i freuddwydion mawr ar ein cyfar. Palas bach. Gwres canolog. Carpad. Toilet Duck newydd bob wsnos. Y wyrcs i gyd.

Mair: Ew, 'sa hynna'n braf. Swnio fel nefoedd.

Bryn: Ac roedd yr hen Boris 'na hefo'i wallt melyn blêr 'di addo 'sa fo'n edrych ar ein hola ni.

Mair O, roedd o'n dipyn o gês, gneud i mi chwerthin drw'r amser.

Bryn: Snichyn dan din oedd o. Deud droeon bod ni'n well na'r gweddill, 'top of the range', dyna'i union eiria. A sbia lle ydan ni.

Mair: Dydi hi'm yn ddrwg i gyd arnan ni.

Bryn: Mae pawb yn trin ni fel baw isa'r domen.

Mair: Dydi'r hen Marky D ddim. Mae o'n ofalus iawn ohonan ni, fo a'i ddomestos a'i farigolds melyn. Sant.

Bryn: Dydi o'm yn cyfri, siŵr. Y lleill dwi'n ei olygu. Meddwl ma nhw sy bia'r lle.

Mair: Alli di'm stopio pobl rhag galw heibio. Gin bawb hawl i ...

Bryn: Ia, ond dyna 'di'r drwg. Pawb yn meddwl bod gynnon nhw hawl i neud fel mynnon nhw. Dim parch at neb na dim 'di mynd.

Mair: Ond os 'nei di atal bobl rhag dod yma ...

Bryn: (*Ar ei thraws*) Dwi'm yn sôn am stopio pawb, siŵr. 'Mond bod ni 'bach mwy gofalus pwy sy'n dod yma.

Mair: 'Gofalus'?

Bryn: Nid dyna'r gair iawn. 'Bach mwy 'dethol' fel 'sa dy nain druan yn arfar ei ddeud.

Mair: Dim fflip fflops-felly?

Bryn: Yn bendant dim fflip-fflops.

Mair: Dydi hynna'm bach yn snobyddlyd?

Bryn: Nac'di siŵr!

Mair: Ond be' *am* y rhai sydd ddim yn dy blesio?

Bryn: Isio gyrru'r diawliaid i gyd i Ganllwyd. Dydio'm yn bell, nac'di?

Digon i'r diwrnod

Jyst weithiau,
ti angen munud i dy hunan,
rhyw ennyd tawel
pan nad oes neb yn swnian
am sylw,
am help,
am atebion,
am 'ble ma'n *airpods*/sanau/crys glân i?'

Jyst moment,
pan sneb yn holi am dy union gyfeirnod GPS di,
ble'n gwmws ma'r mam-nav arni,
y teclyn prysur sy'n gyrru holl fywydau'r tŷ hwn
ar hyd llwybrau cywir eu bywydau.

Jyst eiliad,
gyda dy bants am bigyrnau
cyn bod y cyfan yn bygwth
bod yn ormod o goflaid i un fenyw
a phob dim am ddiflannu lawr yr U-bend.

A jyst yn y fan gyfyng honno,
wrth eistedd, ti'n anadlu,
ac fe wnei di gymryd moment i ddeffro
        a sawru'r *pot pourri*
gan gadw cwmni i'r bog-rôl myfyriol
sydd yno'n gefn i ti
bob tro.

A jyst fel 'na,
am bob anadl mewn a mas
mi gei gyfri dy fendithion bychain
yn un gadwyn bert o bethau,
a mwya sydyn, fe deimli'n reit fflysh
ac unwaith eto, ma'r byd i gyd yn lysh ...
aeth pethau ddim lawr y pan.

ELINOR WYN REYNOLDS

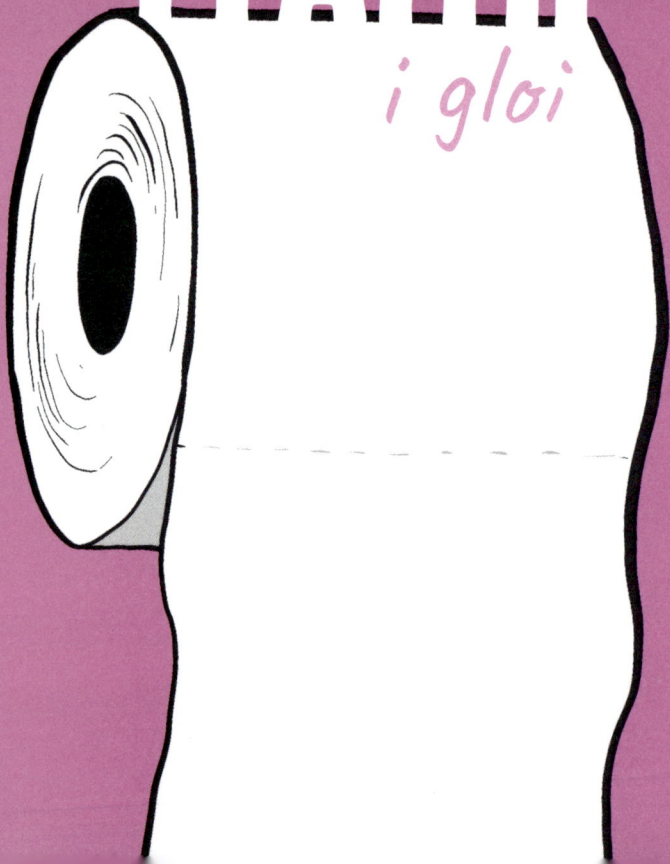

Mae cyfnodau hirion
yn eistedd yn y tŷ bach
yn gallu arwain at
glwy'r marchogion (piles)
yn ddiweddarach
yn eich bywyd.

Cydnabyddiaethau

'Ar ôl y snip', Al Tŷ Coch
(Cyhoeddiadau Barddas, 2022)

'Bore wedyn', Eurig Salisbury, *Llyfr Glas Eurig*
(Cyhoeddiadau Barddas, 2008)

'Cerdd', Arwel 'Pod' Roberts
(Cyhoeddiadau Barddas, 2022)

'Digon i'r diwrnod', Elinor Wyn Reynolds

'Diwrnod i'w gofio', Geraint Løvgreen

'Dŵr', Menna Elfyn, *Tosturi*
(Cyhoeddiadau Barddas, 2022)

'Encil heddychlon', Annes Glynn
(Cyhoeddiadau Barddas, 2022)

'Fy seibiant toiledol', Gwennan Evans

'Graffiti mewn toiledau cyhoeddus', Anhysbys

'I'w morwyn wrth gachu', Gwerful Mechain,
Gwaith Gwerfyl Mechain ac eraill (Prifysgol Cymru, 2001)

'Limrigau lle chwech', Geraint Løvgreen
(Cyhoeddiadau Barddas, 2022)

'Pam bo fi'n flin?', Llio Maddocks
(Cyhoeddiadau Barddas, 2022)

'Papur toiled', Anhysbys

'Sgwrs rhwng dau doilet yn Llanbrynmair',
Dafydd Llewelyn (Cyhoeddiadau Barddas, 2022)

'Signal gwan a Sarcophagus Llanelwedd',
Siôn Tomos Owen (Cyhoeddiadau Barddas, 2022)

'Toiledau Caernarfon', Hywel Pitts
(Cyhoeddiadau Barddas, 2022)

'Toilet glân ar faes y Steddfod', Gruffudd Owen

'Trafferthion mewn tai bach', Bethan Gwanas
(Cyhoeddiadau Barddas, 2022)

'Trafod fy ngharthion', Gwennan Evans, *Pigion y Talwrn 13*
(Cyhoeddiadau Barddas, 2016)

'Tŷ Bach', Dic Jones, *Cerddi Dic yr Hendre*
(Gwasg Gomer, 2010)

'Un ar ras ...', Gwyn Jenkins, *Pigion y Talwrn 13*
(Cyhoeddiadau Barddas, 2018)

'Vindaloo', Ifor ap Glyn
(Cyhoeddiadau Barddas, 2022)

'Y geudy', Anhysbys

'Y rheolau', Nia Môn